SV

# Martin Walser
# Erfahrungen beim Verfassen einer Sonntagsrede

*Friedenspreis des*
*Deutschen Buchhandels 1998*

Laudatio:
Frank Schirrmacher
Sein Anteil

Suhrkamp

edition suhrkamp
Sonderdruck
Erste Auflage 1998
© Suhrkamp Verlag Frankfurt am Main 1998
Erstausgabe
Alle Rechte vorbehalten, insbesondere das des öffentlichen
Vortrags sowie der Übertragung durch Rundfunk
und Fernsehen, auch einzelner Teile.
Druck: Nomos Verlagsgesellschaft, Baden-Baden
Umschlag gestaltet nach einem Konzept
von Willy Fleckhaus: Rolf Staudt
Printed in Germany

1 2 3 4 5 6 - 03 02 01 00 99 98

# Inhalt

Martin Walser
Erfahrungen beim Verfassen
einer Sonntagsrede

Als die Medien gemeldet hatten, wer in diesem Jahr den Friedenspreis des Deutschen Buchhandels bekommen werde, trudelten Glückwünsche herein. Zwei Eigenschaftswörter kamen auffällig oft vor im Glückwunschtext. Die Freude der Gratulierenden wurde öfter »unbändig« genannt. Auf die Rede, die der Ausgesuchte halten werde, hieß es auch öfter, sei man gespannt, sie werde sicher kritisch. Daß mehrere sich unbändig freuen, weil einem anderen etwas Angenehmes geschieht, zeigt, daß unter uns die Freundlichkeitsfähigkeit noch lebt. Darüber, daß von ihm natürlich eine kritische Rede erwartet werde, konnte der Ausgesuchte sich nicht gleichermaßen freuen. Klar, von ihm wurde die Sonntagsrede erwartet. Die kritische Predigt. Irgend jemandem oder gleich allen die Leviten lesen. Diese Rede hast du doch auch schon gehalten. Also halt sie halt noch einmal, mein Gott. Die Rede, die gespeist wird aus unguten Meldungen, die es immer gibt, die sich, wenn ein bißchen Porenverschluß zu Hilfe kommt, so polemisch schleifen läßt, daß die Medien noch zwei, wenn nicht gar zweieinhalb Tage lang eifrig den Nachhall pflegen.

Der Ausgesuchte kam sich eingeengt vor, festgelegt. Er war nämlich, als er von der Zuerkennung erfuhr, zuerst einmal von einer einfachen Empfindung befallen worden, die, formuliert, etwa hätte heißen können: Er wird fünfundzwanzig oder gar dreißig Minuten lang nur Schönes sagen, das heißt Wohltuendes, Belebendes, Friedenspreismäßiges. Zum Beispiel Bäume rühmen, die er durch absichtsloses Anschauen seit langem kennt. Und gleich der Rechtfertigungszwang: Über Bäume zu reden ist kein Verbrechen mehr, weil inzwischen so viele von ihnen krank sind. Er könnte auch als Sonnenuntergangsexperte auftreten und mitteilen, daß die Sonne, wenn sie am Wasser untergeht, zu Übertreibungen neigt. Fünfundzwanzig Minuten Schönes – selbst wenn du das der Sprache abtrotzen oder aus ihr herauszärteln könntest, fünfundzwanzig oder gar dreißig Minuten Schönes –, dann bist du erledigt. Ein Sonntagsrednerpult, Paulskirche, öffentlichste Öffentlichkeit, Medienpräsenz, und dann etwas Schönes! Nein, das war dem für den Preis Ausgesuchten schon ohne alle Hilfe von außen klargeworden, das durfte nicht sein. Aber als er dann so deutlich gesagt kriegte, daß von ihm erwartet werde, die kritische Sonntagsrede zu halten, wehrte sich in ihm die freiheitsdurstige Seele doch noch einmal. Daß ich mein Potpourri des Schönen hätte rechtfertigen müssen, war mir schon klar. Am besten mit solchen Geständnissen: Ich verschließe mich Übeln, an deren Behebung ich nicht mitwirken kann. Ich habe lernen müssen wegzuschauen. Ich habe mehrere Zufluchtwinkel, in die sich mein Blick sofort flüchtet, wenn mir der Bildschirm die Welt als eine unerträgliche vorführt. Ich finde, meine Reaktion sei verhältnismäßig. Unerträgliches muß ich nicht ertragen können. Auch im Wegdenken bin ich geübt. An der Disqualifizierung des Verdrängens kann ich mich nicht beteiligen. Freud rät, Verdrängen durch Verurteilung zu ersetzen. Aber soweit ich sehe, gilt seine Aufklärungsarbeit nicht dem Verhalten des Menschen als Zeitgenossen, sondern dem vom eigenen Triebschicksal Geschüttelten. Ich käme ohne Wegschauen und Wegdenken nicht durch den Tag und schon gar nicht durch die Nacht. Ich bin auch nicht der Ansicht, daß alles gesühnt werden muß. In einer Welt, in der alles gesühnt werden müßte, könnte ich nicht leben.

Also, gebe ich zu, ist es mir ganz und gar unangenehm, wenn die Zeitung meldet: Ein idealistischer Altachtundsechziger, der dann für die DDR spionierte und durch die von Brüssel nach Ost-Berlin und Moskau verratenen Nato-Dokumente dazu beigetragen hat, denen im Osten begreiflich zu machen, wie wenig von der Nato ein atomarer Erstschlag zu befürchten sei, dieser idealistisch-sozialistische Weltverbesserer wird nach der Wende zu zwölf Jahren Gefängnis und 100000 Mark Geldstrafe verurteilt, obwohl das Oberlandesgericht Düsseldorf im Urteil festhält, »daß es ihm auch darum ging, zum Abbau von Vorurteilen und Besorgnissen des Warschauer Paktes die Absichten der Nato transparent zu machen und damit zum Frieden beizutragen ...« Und er habe »auch nicht des

Geldes wegen für seine östlichen Auftraggeber gearbeitet«. Wolfgang Schäuble und andere Politiker
der CDU haben dafür plädiert, im Einigungsver-
trag die Spionage beider Seiten von Verfolgung frei-
zustellen. Trotzdem kam es 1992 zu dem Gesetz,
das die Spione des Westens straffrei stellt und finan-
ziell entschädigt, Spione des Ostens aber der Straf-
verfolgung ausliefert. Vielleicht hätte ich von diesem Vorfall auch wegdenken können, wenn er nicht
ziemlich genau dem Fall gliche, den ich noch zur
Zeit der Teilung in einer Novelle dargestellt habe.
Und man kann als Autor, wenn die Wirklichkeit die
Literatur geradezu nachäfft, nicht so tun, als ginge
es einen nichts mehr an. Wenn die unselige Teilung
noch bestünde, der Kalte Krieg noch seinen gefähr-
lichen Unsinn fortretten dürfte, wäre dieser Gefangene, der als »Meisterspion des Warschauer Paktes
im Nato-Hauptquartier in Brüssel« firmiert, längst
gegen einen Gleichkarätigen, den sie drüben gefan-
gen hätten, ausgetauscht. Dieser Gefangene büßt
also die deutsche Einigung. Resozialisierung kann
nicht der Sinn dieser Bestrafung sein, Ab-
schreckung auch nicht. Bleibt nur Sühne. Unser
verehrter Herr Bundespräsident hat es abgelehnt,
diesen Gefangenen zu begnadigen. Und der Bundespräsident ist ein Jurist von hohem Rang. Ich bin
Laie. Fünf Jahre von zwölfen sind verbüßt. Die
Aberkennung des durch Beiträge erworbenen
Pensionsanspruchs bei der Nato trifft hart. Wenn
schon die juristisch-politischen Macher es nicht

wollten, daß Ost und West rechtlich gleichgestellt wären, wahrscheinlich weil das eine nachträgliche Anerkennung des Staates DDR bedeutet hätte – na und?! –, wenn schon das Recht sich als unfähig erweist, die politisch glücklich verlaufene Entwicklung menschlich zu fassen, warum dann nicht Gnade vor Recht? So der Laie. Also doch die Sonntagsrede der scharfen Darstellung bundesrepublikanischer Justiz widmen? Aber dann ist die Rede zu Ende, ich gehe essen, schreibe morgen weiter am nächsten Roman, und der Spion sühnt und sühnt und sühnt bis ins nächste Jahrtausend. Wenn das nicht peinlich ist, was, bitte, ist dann peinlich? Aber ist die vorhersehbare Wirkungslosigkeit ein Grund, etwas, was du tun solltest, nicht zu tun? Oder mußt du die kritische Rede nicht schon deshalb meiden, weil du auf diesen von dir als sinnlos und ungerecht empfundenen Strafvollzugsfall nur zu sprechen kommst, weil du die kritische Sonntagsrede halten sollst? In deinem sonstigen Schreiben würdest du dich nicht mehr mit einem solchen Fall beschäftigen, so peinlich es dir auch ist, wenn du daran denkst, daß dieser grundidealistische Mensch sitzt und sitzt und sitzt.

Es gibt die Formel, daß eine bestimmte Art Geistätigkeit die damit Beschäftigten zu Hütern oder Treuhändern des Gewissens mache; diese Formel finde ich leer, pompös, komisch. Gewissen ist nicht delegierbar. Ich werde andauernd Zeuge des moralisch-politischen Auftritts dieses oder jenes schätzenswerten Intellektuellen und habe selber schon, von unangenehmen Aktualitäten provoziert, derartige Auftritte nicht vermeiden können. Aber gleich stellt sich eine Bedingung ein, ohne die nichts mehr geht. Nämlich: etwas, was man einem anderen sagt, mindestens genauso zu sich selber sagen. Den Anschein vermeiden, man wisse etwas besser. Oder gar, man sei besser. Stilistisch nicht ganz einfach: kritisch werden und doch glaubwürdig ausdrücken, daß du nicht glaubst, etwas besser zu wissen. Noch schwieriger dürfte es sein, dich in Gewissensfragen einzumischen und doch den Anschein zu vermeiden, du seist oder hieltest dich für besser als die, die du kritisierst.

In jeder Epoche gibt es Themen, Probleme, die unbestreitbar die Gewissensthemen der Epoche sind. Oder dazu gemacht werden. Zwei Belege für die Gewissensproblematik dieser Epoche. Ein wirklich bedeutender Denker formulierte im Jahr 92: »Erst die Reaktionen auf den rechten Terror – die aus der politischen Mitte der Bevölkerung und die von oben: aus der Regierung, dem Staatsapparat und der Führung der Parteien – machen das ganze Ausmaß der moralisch-politischen Verwahrlosung sichtbar.« Ein ebenso bedeutender Dichter ein paar Jahre davor: »Gehen Sie in irgendein Restaurant in Salzburg. Auf den ersten Blick haben Sie den Eindruck: lauter brave Leute. Hören Sie Ihren Tischnachbarn aber zu, entdecken Sie, daß sie nur von Ausrottung und Gaskammern träumen.« Addiert man, was der Denker und der Dichter – beide wirklich gleich seriös – aussagen, dann sind Regierung, Staatsapparat, Parteienführung und die braven Leute am Nebentisch »moralisch-politisch« verwahrlost. Meine erste Reaktion, wenn ich Jahr für Jahr solche in beliebiger Zahl zitierbaren Aussagen von ganz und gar seriösen Geistes- und Sprachgrößen lese, ist: Warum bietet sich mir das nicht so dar? Was fehlt meiner Wahrnehmungsfähigkeit? Oder liegt es an meinem zu leicht einzuschläfernden Gewissen? Das ist klar, diese beiden Geistes- und Sprachgrößen sind auch Gewissensgrößen. Anders wäre die Schärfe der Verdächtigung oder schon Beschuldigung nicht zu erklären. Und wenn eine Beschuldigung weit genug geht, ist sie an sich schon schlagend, ein Beweis erübrigt sich da.

Endlich tut sich eine Möglichkeit auf, die Rede kritisch werden zu lassen. Ich hoffe, daß auch selbstkritisch als kritisch gelten darf. Warum werde ich von der Empörung, die dem Denker den folgenden Satzanfang gebietet, nicht mobilisiert: »Wenn die sympathisierende Bevölkerung vor brennenden Asylantenheimen Würstchenbuden aufstellt…« Das muß man sich vorstellen: Die Bevölkerung sympathisiert mit denen, die Asylantenheime angezündet haben, und stellt deshalb Würstchenbuden vor die brennenden Asylantenheime, um auch noch

Geschäfte zu machen. Und ich muß zugeben, daß ich mir das, wenn ich es nicht in der intellektuell maßgeblichen Wochenzeitung und unter einem verehrungswürdigen Namen läse, nicht vorstellen könnte. Die tausend edle Meilen von der Bildzeitung entfernte Wochenzeitung tut noch ein übriges, um meiner ungenügenden moralisch-politischen Vorstellungskraft zu helfen; sie macht aus den Wörtern des Denkers fett gedruckte Hervorhebungskästchen, daß man das Wichtigste auch dann zur Kenntnis nehme, wenn man den Aufsatz selber nicht Zeile für Zeile liest. Da sind dann die Wörter des Denkers im Extraschaudruckkästchen so zu besichtigen: »Würstchenbuden vor brennenden Asylantenheimen und symbolische Politik für dumpfe Gemüter.«

Ich kann solche Aussagen nicht bestreiten; dazu sind sowohl der Denker als auch der Dichter zu seriöse Größen. Aber – und das ist offenbar meine moralisch-politische Schwäche – genausowenig kann ich ihnen zustimmen. Meine nichts als triviale Reaktion auf solche schmerzhaften Sätze: Hoffentlich stimmt's nicht, was uns da so kraß gesagt wird. Und um mich vollends zu entblößen: Ich kann diese Schmerz erzeugenden Sätze, die ich weder unterstützen noch bestreiten kann, einfach nicht glauben. Es geht sozusagen über meine moralisch-politische Phantasie hinaus, das, was da gesagt wird, für wahr zu halten. Bei mir stellt sich eine unbeweisbare Ahnung ein: Die, die mit solchen Sätzen auftreten, wollen uns weh tun, weil sie finden, wir haben das verdient. Wahrscheinlich wollen sie auch sich selber verletzen. Aber uns auch. Alle. Eine Einschränkung: alle Deutschen. Denn das ist schon klar: In keiner anderen Sprache könnte im letzten Viertel des 20. Jahrhunderts so von einem Volk, von einer Bevölkerung, einer Gesellschaft gesprochen werden. Das kann man nur von Deutschen sagen. Allenfalls noch, soweit ich sehe, von Österreichern.

Jeder kennt unsere geschichtliche Last, die unvergängliche Schande, kein Tag, an dem sie uns nicht vorgehalten wird. Könnte es sein, daß die Intellektuellen, die sie uns vorhalten, dadurch, daß sie uns die Schande vorhalten, eine Sekunde lang der Illusion verfallen, sie hätten sich, weil sie wieder im grausamen Erinnerungsdienst gearbeitet haben, ein wenig entschuldigt, seien für einen Augenblick sogar näher bei den Opfern als bei den Tätern? Eine momentane Milderung der unerbittlichen Entgegengesetztheit von Tätern und Opfern. Ich habe es nie für möglich gehalten, die Seite der Beschuldigten zu verlassen. Manchmal, wenn ich nirgends mehr hinschauen kann, ohne von einer Beschuldigung attackiert zu werden, muß ich mir zu meiner Entlastung einreden, in den Medien sei auch eine Routine des Beschuldigens entstanden. Von den schlimmsten Filmsequenzen aus Konzentrationslagern habe ich bestimmt schon zwanzigmal weggeschaut. Kein ernstzunehmender Mensch leugnet Auschwitz; kein noch zurechnungsfähiger Mensch deutelt an der Grauenhaftigkeit von Auschwitz herum; wenn mir aber jeden Tag in den Medien diese Vergangenheit vorgehalten wird, merke ich, daß sich in mir etwas gegen diese Dauerpräsentation unserer Schande wehrt. Anstatt dankbar zu sein für die unaufhörliche Präsentation unserer Schande, fange ich an wegzuschauen. Ich möchte verstehen, warum in diesem Jahrzehnt die Vergangenheit präsentiert wird wie noch nie zuvor. Wenn ich merke, daß sich in mir etwas dagegen wehrt, versuche ich, die Vorhaltung unserer Schande auf Motive hin abzuhören, und bin fast froh, wenn ich glaube, entdecken zu können, daß öfter nicht mehr das Gedenken, das Nichtvergessendürfen das Motiv ist, sondern die Instrumentalisierung unserer Schande zu gegenwärtigen Zwecken. Immer guten Zwecken, ehrenwerten. Aber doch Instrumentalisierung. Jemand findet die Art, wie wir die Folgen der deutschen Teilung überwinden wollen, nicht gut und sagt, so ermöglichten wir ein neues Auschwitz. Schon die Teilung selbst, solange sie dauerte, wurde von maßgeblichen Intellektuellen gerechtfertigt mit dem Hinweis auf Auschwitz. Oder: Ich stellte das Schicksal einer jüdischen Familie von Landsberg a. d. Warthe bis Berlin nach genauester Quellenkenntnis dar als einen fünfzig Jahre durchgehaltenen Versuch, durch Taufe, Heirat und Leistung dem ostjüdischen Schicksal zu entkommen

und Deutsche zu werden, sich ganz und gar zu assi-
milieren. Ich habe gesagt, wer alles als einen Weg
sieht, der nur in Auschwitz enden konnte, der
macht aus dem deutsch-jüdischen Verhältnis eine
Schicksalskatastrophe unter gar allen Umständen.
Der Intellektuelle, der dafür zuständig war, nannte
das eine Verharmlosung von Auschwitz. Ich nehme
zu meinen Gunsten an, daß er nicht alle Entwick-
lungen dieser Familie so studiert haben kann wie
ich. Auch haben heute lebende Familienmitglieder
meine Darstellung bestätigt. Aber: Verharmlosung
von Auschwitz. Da ist nur noch ein kleiner Schritt
zur sogenannten Auschwitzlüge. Ein smarter Intellektueller hißt im Fernsehen in seinem Gesicht einen Ernst, der in diesem Gesicht wirkt wie eine
Fremdsprache, wenn er der Welt als schweres Ver-
sagen des Autors mitteilt, daß in des Autors Buch
Auschwitz nicht vorkomme. Nie etwas gehört vom
Urgesetz des Erzählens: der Perspektivität. Aber
selbst wenn, Zeitgeist geht vor Ästhetik.

Bevor man das alles als Rüge des eigenen Gewis-
sensmangels einsteckt, möchte man zurückfragen,
warum, zum Beispiel, in Goethes »Wilhelm Mei-
ster«, der ja erst 1795 zu erscheinen beginnt, die
Guillotine nicht vorkommt. Und mir drängt sich,
wenn ich mich so moralisch-politisch gerügt sehe,
eine Erinnerung auf. Im Jahr 1977 habe ich nicht
weit von hier, in Bergen-Enkheim, eine Rede halten
müssen und habe die Gelegenheit dazu benutzt, fol-

gendes Geständnis zu machen: »Ich halte es für unerträglich, die deutsche Geschichte – so schlimm sie zuletzt verlief – in einem Katastrophenprodukt enden zu lassen.« Und: »Wir dürften, sage ich vor Kühnheit zitternd, die BRD so wenig anerkennen wie die DDR. Wir müssen die Wunde namens Deutschland offenhalten.« Das fällt mir ein, weil ich jetzt wieder vor Kühnheit zittere, wenn ich sage: Auschwitz eignet sich nicht dafür, Drohroutine zu werden, jederzeit einsetzbares Einschüchterungsmittel oder Moralkeule oder auch nur Pflichtübung. Was durch solche Ritualisierung zustande kommt, ist von der Qualität Lippengebet. Aber in welchen Verdacht gerät man, wenn man sagt, die Deutschen seien jetzt ein normales Volk, eine gewöhnliche Gesellschaft?

In der Diskussion um das Holocaustdenkmal in Berlin kann die Nachwelt einmal nachlesen, was Leute anrichteten, die sich für das Gewissen von anderen verantwortlich fühlten. Die Betonierung des Zentrums der Hauptstadt mit einem fußballfeldgroßen Alptraum. Die Monumentalisierung der Schande. Der Historiker Heinrich August Winkler nennt das »negativen Nationalismus«. Daß der, auch wenn er sich tausendmal besser vorkommt, kein bißchen besser ist als sein Gegenteil, wage ich zu vermuten. Wahrscheinlich gibt es auch eine Banalität des Guten.

Etwas, was man einem anderen sagt, mindestens genauso zu sich selber sagen. Klingt wie eine Maxime, ist aber nichts als Wunschdenken. Öffentlich von der eigenen Mangelhaftigkeit sprechen? Unversehens wird es Phrase. Daß solche Verläufe schwer zu vermeiden sind, muß mit unserem Gewissen zu tun haben. Wenn ein Denker »das ganze Ausmaß der moralisch-politischen Verwahrlosung« der Regierung, des Staatsapparates und der Führung der Parteien kritisiert, dann ist der Eindruck nicht zu vermeiden, sein Gewissen sei reiner als das der moralisch-politisch Verwahrlosten. Wie fühlt sich das an, ein reineres, besseres, ein gutes Gewissen? Ich will mir, um mich vor weiteren Bekenntnispeinlichkeiten zu schützen, von zwei Geistesgrößen helfen lassen, deren Sprachverstand nicht anzuzweifeln ist. Heidegger und Hegel. Heidegger, 1927, »Sein und Zeit«. »Das Gewißwerden des Nichtgetanhabens hat überhaupt nicht den Charakter eines Gewissensphänomens. Im Gegenteil: dieses Gewißwerden kann eher ein Vergessen des Gewissens bedeuten.« Das heißt, weniger genau gesagt: Gutes Gewissen, das ist so wahrnehmbar wie fehlendes Kopfweh. Aber dann heißt es im Gewissensparagraphen von »Sein und Zeit«: »Das Schuldigsein gehört zum Dasein selbst.« Ich hoffe nicht, daß das gleich wieder als eine bequeme Entlastungsphrase für zeitgenössische schuldunlustige Finsterlinge verstanden wird. Jetzt Hegel. Hegel in der Rechtsphilosophie: »Das Gewissen, diese tiefste innerliche

Einsamkeit mit sich, wo alles Äußerliche und alle Beschränktheit verschwunden ist, diese durchgängige Zurückgezogenheit in sich selbst...«

Ergebnis der philosophischen Hilfe: Ein gutes Gewissen ist keins. Mit seinem Gewissen ist jeder allein. Öffentliche Gewissensakte sind deshalb in der Gefahr, symbolisch zu werden. Und nichts ist dem Gewissen fremder als Symbolik, wie gut sie auch gemeint sei. Diese »durchgängige Zurückgezogenheit in sich selbst« ist nicht repräsentierbar. Sie muß »innerliche Einsamkeit« bleiben. Es kann keiner vom anderen verlangen, was er gern hätte, der aber nicht geben will. Und das ist nicht nur deutsche idealistische Philosophie. In der Literatur, zum Beispiel, Praxis. Bei Kleist. Und jetzt kann ich doch noch etwas Schönes bringen. Herrliche Aktionen bei Kleist, in denen das Gewissen als das schlechthin Persönliche geachtet, wenn nicht sogar gefeiert wird. Der Reitergeneral Prinz von Homburg hat sich in der Schlacht befehlswidrig verhalten, der Kurfürst verurteilt ihn zum Tode, dann, plötzlich: »Er ist begnadigt!« Natalie kann es kaum glauben: »Ihm soll vergeben sein? Er stirbt jetzt nicht?« fragt sie. Und der Kurfürst: »Die höchste Achtung, wie Dir wohl bekannt, / Trag ich im Innersten für sein Gefühl. / Wenn er den Spruch für ungerecht kann halten, / Kassier' ich die Artikel; er ist frei!« Also, es wird ganz vom Gefühl des Verurteilten abhängig gemacht, ob das Todesurteil vollzogen wird. Wenn

22

der Verurteilte das Urteil für ungerecht halten kann, ist er frei.

Das ist Gewissensfreiheit, die ich meine. Das Gewissen, sich selbst überlassen, produziert noch Schein genug. Öffentlich gefordert, regiert nur der Schein. Birgt und verbirgt nicht jeder ein innerstes, auf Selbstachtungsproduktion angelegtes Spiegelkabinett? Ist nicht jeder eine Anstalt zur Lizenzierung der unvereinbarsten Widersprüche? Ist nicht jeder ein Fließband der unendlichen Lüge-Wahrheit-Dialektik? Nicht jeder ein von Eitelkeiten dirigierter Gewissenskämpfer? Oder verallgemeinere ich mich jetzt schon zu sehr, um eigener Schwäche Gesellschaft zu verschaffen? Die Frage kann ich nicht weglassen: Wäre die Öffentlichkeit ärmer oder gewissensverrohter, wenn Dichter und Denker nicht als Gewissenswarte der Nation aufträten? Beispiele, bitte. In meinem Lieblingsjahrzehnt, 1790 bis 1800, sind Schiller, Fichte, Hegel, Hölderlin Befürworter der Französischen Revolution. Goethe, seit 1776 Weimarer Staatsbeamter, seit 1782 im Adelsstand, macht mit seinem Herzog eine Kriegsreise im antirevolutionären Lager, vor Verdun beobachtet er, heißt es, an kleinen Fischen in einem mit klarem Wasser gefüllten Erdtrichter prismatische Farben. Einen Monat nach dem Ausbruch der Französischen Revolution hat er sein zärtlichinnigstes Spiegelbildstück vollendet: den Tasso. Und als er im Jahr 94 Schiller in Jena in der »Naturforschenden Gesellschaft« trifft, wird, heißt es, die Freundschaft endgültig begründet. Und den einen hat es offenbar nicht gestört, daß der andere eine ganz andere Art von Gewissen pflegte als er selber. Wer war nun da das Gewissen des Jahrzehnts? Liegt das jetzt an der Größe dieser beiden, daß eine Freundschaft entstand zwischen zwei wahrhaft verschiedenen Gewissen? Oder gab es damals noch Toleranz? Ein Fremdwort, das wegen Nichtmehrvorkommens des damit Bezeichneten heute eher entbehrlich ist. Noch so ein Gewissensbeispiel: Thomas Mann. Kurz vor 1918 lehnt er Demokratie ab, sie sei bei uns »landfremd, ein Übersetztes, das... niemals deutsches Leben und deutsche Wahrheit werden kann.... Politik..., Demokratie ist an und für sich etwas Undeutsches, Widerdeutsches...« Und 1922, zu Gerhart Hauptmanns Sechzigstem, spricht er »Von deutscher Republik«, und zwar so: »... fast nur um zu beweisen, daß Demokratie, daß Republik Niveau haben, sogar das Niveau der deutschen Romantik haben kann, bin ich auf dieses Podium getreten«. Und blieb auf diesem Podium. Aber vorher war er auch schon zwanzig Jahre lang ein Intellektueller und Schriftsteller, aber, was die öffentliche Meinung angeht, auf der anderen Seite. Aber wer seine Bücher liest von »Buddenbrooks« bis »Zauberberg«, der kriegt von diesem krassen Meinungswechsel so gut wie nichts mit. Dafür aber, behaupte ich, den wirklichen Thomas Mann: Wie er wirklich dachte und empfand, seine Moralität also, teilt sich in seinen Romanen und Erzählungen unwillkürlich und vertrauenswürdiger mit als in den Texten, in denen er politisch-moralisch recht haben mußte. Oder gar das Gefühl hatte, er müsse sich rechtfertigen.

Das möchte man den Meinungssoldaten entgegenhalten, wenn sie, mit vorgehaltener Moralpistole, den Schriftsteller in den Meinungsdienst nötigen. Sie haben es immerhin so weit gebracht, daß Schriftsteller nicht mehr gelesen werden müssen, sondern nur noch interviewt. Daß die so zustande kommenden Platzanweisungen in den Büchern dieser Schriftsteller entweder nicht verifizierbar oder kraß widerlegt werden, ist dem Meinungs- und Gewissenswart eher egal, weil das Sprachwerk für ihn nicht verwertbar ist.

Ich gebe zu, der Schriftsteller ist selber schuld, wenn er sich auf diese geliehene Sprache einläßt und in barer Legitimationsnot so tut, als könne er dazu und dazu und auch noch dazu etwas sagen. Und je bekannter ein Schriftsteller wird, desto mehr gilt er als zuständig für das und das und auch noch für das. Zuständig ist er aber nur für sich selbst, und auch das nur, wenn er sich das nicht ausreden läßt; und gerade dadurch, daß er nur für sich selber zuständig ist, kann er brauchbar werden auch für andere, weil eben das Wichtige nur wichtig ist, weil wir es alle gemeinsam haben; diese Brauchbarkeit kann aber nicht angestrebt und nicht bedient werden; sie ergibt sich nur in der unschuldig schönsten Zusammenarbeit der Welt: Das ist die zwischen Autor und Leser. Die entsteht durch eine einzige Bedingung: Es sind dieselben Gründe, die uns zum Lesen und zum Schreiben bringen. Das Buchstabierenmüssen unserer Existenz. Ob lesend oder schreibend, ist dann zweiten Ranges. Dieses für den Schriftsteller lebenswichtige Verhältnis bedarf keiner halbgaren Wunschsätze wie: Etwas, was man einem anderen sagt, genauso zu sich selber sagen. Das ist beim unwillkürlichen Lesen und Schreiben kein bißchen problematisch. Der Roman und das Gedicht wenden sich niemals zuerst an einen anderen; sie sind an den anderen erst adressiert, wenn sie dessen Interesse wecken; dann wird der Interessierte tätig und produziert Sinn, wo ein Uninteressierter nur Buchstabendickichte sieht. Bleib bei deinen Schwierigkeiten. Es sind Lebensschwierigkeiten. Sie werden nicht durch Rednerpulte geweckt, sondern durch Aus- und Einatmen. Was daran Not ist, führt zur Sprache, zur unkommandierbaren. Gibt es außer der literarischen Sprache noch eine, die mir nichts verkaufen will? Ich kenne keine. Deshalb: Nichts macht so frei wie die Sprache der Literatur. Siehe Kleist.

Mein Vertrauen in die Sprache hat sich gebildet durch die Erfahrung, daß sie mir hilft, wenn ich nicht glaube, ich wisse etwas schon. Sie hält sich zurück, erwacht sozusagen gar nicht, wenn ich meine, etwas schon zu wissen, was ich nur noch mit Hilfe der Sprache formulieren müsse. Ein solches Unternehmen reizt sie nicht. Sie nennt mich dann rechthaberisch. Und bloß, um mir zum Rechthaben zu verhelfen, wacht sie nicht auf. Etwa um eine kritische Rede zu halten, weil es Sonntagvormittag ist und die Welt schlecht und diese Gesellschaft natürlich besonders schlecht und überhaupt ohne ein bißchen Beleidigung alles fade ist; wenn ich ahne, daß es gegen meine Empfindung wäre, mich ein weiteres Mal dieser Predigtersatzfunktion zu fügen, dann liefere ich mich der Sprache aus, überlasse ihr die Zügel, egal, wohin sie mich führe. Letzteres stimmt natürlich nicht. Ich falle ihr in die Zügel, wenn ich fürchten muß, sie gehe zu weit, sie verrate zuviel von mir, sie enthülle meine Unvorzeigbarkeit zu sehr. Da mobilisiere ich furcht- und bedachtsam sprachliche Verbergungsroutinen jeder Art. Als Ziel einer solchen Sonntagsrede schwebt mir allenfalls vor, daß die Zuhörer, wenn ich den letzten Satz gesagt habe, weniger von mir wissen als bei einem ersten Satz. Der Ehrgeiz des der Sprache vertrauenden Redners darf es sein, daß der Zuhörer oder die Zuhörerin den Redner am Ende der Rede nicht mehr so gut zu kennen glaubt wie davor. Aber eine ganz abenteuerliche Hoffnung kann der Redner dann doch nicht unterdrücken, sozusagen als apotheotischen Schlenker: daß nämlich der Redner dadurch, daß man ihn nicht mehr so klipp und klar kennt wie vor der Rede, dem Zuhörer oder der Zuhörerin eben dadurch vertrauter geworden ist. Das ist, auch wenn es auf einer Zielgeraden gesagt ist, ein bißchen groß geraten. Es soll einfach gehofft werden dürfen, man könne einem anderen nicht nur dadurch entsprechen, daß man sein Wissen vermehrt, seinen Standpunkt stärkt, sondern, von Sprachmensch zu Sprachmensch, auch dadurch, daß man sein Dasein streift auf eine nicht kalkulierbare, aber vielleicht erlebbare Art. Das ist eine reine Hoffnung. Schließen will ich aber doch mit einem Verdacht. Das erste Wort in dem gerade erschienenen Buch einer jüngeren Autorin heißt Verdacht. Dann geht es so weiter: »Ich habe den Verdacht, daß alles viel schöner ist, als man darüber spricht. Alles ist viel schöner, als man bisher es sagen kann. Und sagen kann man bisher schon sehr viel, denn wir haben ja schon viel geschaffen, um auszudrücken, wie schön es ist. Wir machen neue Anläufe und versuchen immer neu, auszudrücken, wie schön alles ist. Aber schöner ist es trotzdem noch immer, als man es sagen kann.«

Soviel zum Schönen. Die Autorin ist Johanna Walser. Jetzt sage ich nur noch: Ach, verehrter Herr Bundespräsident, lassen Sie doch Herrn Rainer Rupp gehen. Um des lieben Friedens willen.

Frank Schirrmacher
Sein Anteil

Müssen Friedenspreisträger eigentlich friedfertige Leute sein? Wäre das die Voraussetzung, so spräche zu Martin Walsers Gunsten, daß er ein leidenschaftlicher Leser ist. Leser sind wie Träumer – solange sie lesen, können sie nichts Böses tun. Und Walser ist ein Leser wie kaum ein zweiter. Ehe er einen Zug besteigt, versieht er sich mit Büchern, die selbst vierundzwanzigstündigen Verspätungen standhalten. Darum kommt er oft vor allen anderen an. Im Gefangenenlager entdeckte er Stifter. »Alle Schriftsteller, die er las«, stand dort in einer Erzählung, »beschrieben seine Krankheit.« Fortan ließ Walser sich von nichts mehr an der Erkundung dieser Krankheit hindern. Denn der Egoismus des Lesers ist ein brauchbares Gegenmittel zu den Egoismen der Weltgeschichte. »Auf jeden Fall«, so hat er sich später erinnert, »konnte im Sommer '45 endlich ungestört weitergelesen werden.«
Als wenn dies das erste wäre, das einem zu der Jahreszahl einfiele! Aber es war nun einmal das erste: Nachsommer im Gefangenenlager. Für das Lesen, meint er, gebe es keine besseren Gründe als für das Atmen, »trotzdem macht mir das Lesen oft mehr Vergnügen als das Atmen, ja es macht mir sogar das Atmen wieder vergnüglicher.« Seit ihm Adalbert Stifter im Gefangenenlager das Atmen ermöglichte, weiß er von der Macht, die Leser über die Wirklichkeit haben. Es ist keine namenlose Macht. Er hat ihr den Titel seines schönsten Essaybandes gegeben, ei-

ner literarischen Seelenexpedition, die von nichts anderem als von Lese-, also von Lebenserfahrungen handelt: »Liebeserklärungen«.

Für die Friedfertigkeitsvermutung spricht weiterhin, daß Walser nicht nur ein Lesender, sondern auch ein Schreibender ist. Auch Schreibende können, solange sie schreiben (und es noch niemand liest), nichts Schlimmes anrichten. »Durch Schreiben«, sagt er, »kann man das Denken verlangsamen.« Das heißt: Man kommt erst dann an, wenn alles sich schon verlaufen hat. Man sieht schärfer als andere Übriggebliebenes, Unerledigtes, Hinterlassenschaften. Der Schreibende bringt Fahrpläne und Termine durcheinander, er ist ein notorisch Verspäteter. Wie Kafkas Landarzt, den das Fehlläuten der Nachtglocke aus aller Wirklichkeit klingelt, begegnet der Schreibende der Welt in der Vergangenheitsform. Es ist diese kleine Verrücktheit, die es ihm erlaubt, Geschichten zu erzählen.

Der in allen Fragen der Literatur immer wieder zu Rate zu ziehende Franz Fühmann hat die Lebensäußerungen des Schriftstellers einmal bündig so beschrieben: »Der Hund bellt, die Katze miaut, der Dichter schreibt.« Das klingt viel friedfertiger, als es ist. Jeder merkt das, der liest, was Walser schreibt. Wie geht dieser Romancier mit seinen Figuren um! Welche Ichkonflikte, Selbstverluste, Seelenkämpfe werden da angezettelt! Da gibt es Liebeserklärungen, die wie Kriegsausbrüche sind. Da führen verbitterte Beamte Winterschlachten gegen

den hessischen Ministerpräsidenten. Da versenken
Freunde ihre Freunde im Bodensee. Diesem Perso-
nal wird alles schwer und vieles unvergnüglich, und
am schwersten und unvergnüglichsten wird ihm das
Atemholen.

## Wahlverwandtschaft
## und Verwandlung

»Martin Walsers lebhafte Irritationen schon am
frühen Morgen«, so schrieb Peter Demetz, »sind
mir lieber als die behäbigen Frühstücksgewohnhei-
ten anderer, mitsamt ihrer dritten Tasse Kaffee.«
Das war mit Blick auf die Essays gesprochen, gilt
aber mit noch größerem Recht für die Romane.
Martin Walser ist nicht der gute Herbergsvater der
deutschen Literatur. Dazu gibt es zuviel Aufregung
schon beim Frühstück. Dazu fröstelt einen zu sehr
in seinen Romanen. Dazu ähnelt die Innenausstat-
tung seiner erzählten Welt zu sehr dem Seelenhaus-
halt unserer gelebten Welt. Nur, daß man bei ihm
immer damit rechnen muß, zusammen mit der
Nachttischlampe auch die Naturgewalt anzuknip-
sen. Wie tückisch ist der Lebensfriede in seiner Novelle »Ein fliehendes Pferd«, diesem Meisterwerk
einer Besiegung, in dem der Autor zweimal die Natur lebensbedrohlich gegen das Soziale aufruft und
jeder Leser merkt, daß die vernichtende Kraft der
Natur gar nichts ist im Vergleich zu den entfesselten
Gewalten des Sozialen. Walsers literarische Natur-

katastrophen, die Unfälle, Krankheiten oder See-
stürme, sind Grashalme. Oder besser: Sie sind
Hälmchen im Wind im Vergleich zu den orkanhaf-
ten Elementargewalten des Sozialen und seiner Ich-
bedrohungen.

»Weiterschlafen«, denkt eine seiner Figuren bei Ta-
gesanbruch, weiterschlafen und hoffen, in einer
besseren Wirklichkeit aufzuwachen. Hört man das
Echo? Hört man das Echo, das so alt ist wie die Le-
bens- und Weltangst des bürgerlichen Zeitalters;
eine Angst, wie man weiß, die eine Angst des Tages,
des Lichts, des Alltags ist? »Der Morgen dämmerte,
das Licht verlosch« – so lautet ein sehr beunruhi-
gender Satz in Goethes »Wahlverwandtschaften«,
jenem Roman, dessen Spuren man in Walsers litera-
rischem Werk allenthalben nachklettern kann. Die
Worte fallen am Scheitelpunkt des Unglücks: Das
Kind ist tot, im See ertrunken, die Ehe zerstört, die
Liebe, aber auch das soziale Überleben unmöglich.
In Goethes Geschichte ist zum erstenmal in der
deutschen Literatur ganz selbstverständlich davon
die Rede, daß der Tag mit seinen Menschen schlim-
mer werden wird als die Nacht mit ihren Gespen-
stern. Mehr noch: Hier, im Jahre 1809, stößt man
auf die Vermutung, es könnte einmal damit ein
Ende sein, daß ein neuer Tag beginnt.

Diese Erfahrung hat Walser seinen Figuren nicht er-
spart. Man hat Mitgefühl mit ihnen. Niemand ist zu
beneiden, der morgens als Walserscher Held im
Bett aufwacht. Mit gespieltem Erstaunen hat er ein-

mal bemerkt, daß die meisten seiner Romane in der Frühe beginnen. »In fünfzehnjähriger Schreibarbeit hat sich mir ein Anselm Kristlein in drei Romananfängen immer im Bett präsentiert. Allerdings nie unversehrt... Auch danach habe ich des öfteren die Mühsal des Aufwachens in einer unfreundlichen Welt als Anfang benutzt... Auf jeden Fall haben es diese Herren schwer, in den Tag und seine Pflichten hineinzufinden. Es könnte sein, sie schaffen es überhaupt nicht... Das ist der Schmerz des Synchronisiertwerdens: du mußt funktionieren einen weiteren Tag.«

Es ist etwas anderes, ob man in einem Roman 1809 oder 1989 die Augen aufschlägt. Am Schlafen und Träumen hat sich in einhundertachtzig Jahren wenig geändert, alles aber am Aufwachen. Goethes Satz war die Vorwarnung. Wenn Franz Horn in »Jenseits der Liebe« eines Morgens mit unlösbar aufeinandergebissenen Zähnen erwacht, dann weiß der Autor, daß der Leser weiß, woher diese ironische Metamorphose stammt. »Als Gregor Samsa eines Morgens aus unruhigen Träumen erwachte, fand er sich in seinem Bett zu einem ungeheuren Ungeziefer verwandelt.« Das ist der berühmte erste Satz aus Kafkas »Verwandlung«, einer Erzählung, die in den Tiefen von Walsers Erzähl- und Essaykunst immer wieder mitspricht.

Dieser erste Satz, so hat Walser in seinen Poetikvorlesungen geschrieben, »entsteht aus nichts als aus problematisch gewordenem Selbstbewußtsein«.

Hier hat man die gleichsam horizontale Ausgangslage von Walsers Helden. Nur daß seine Figuren wissen oder doch ahnen, was man vor dem Auftreten Gregor Samsas in der Weltliteratur eben nicht wissen konnte, daß man buchstäblich über Nacht die Identität verlieren und als Ungeziefer erwachen kann. Walser ist nicht ausgewichen in das Phantastische. Er hat diesen Befund übersetzt in die Lebenswelt Deutschlands. Seine Romanhelden haben Berufe. Sie müssen Geld verdienen. Sie haben – was Walser hervorgehoben hat – Chefs, an die sie nachts denken und von denen sie wissen, daß jene nicht an sie denken. Diese Chefs sind nicht Gott, aber, und das ist wichtiger, es spielte auch keine Rolle, wenn sie es wären, denn in dieser Welt denkt auch Gott längst nicht mehr an die, die an ihn denken. Es sind gebrochene, lädierte, von »Lebenskoliken« durchgerüttelte Charaktere, Menschen, in denen der Schmerz steckt.

Walsers Erzählkunst erlaubt, ihre Verwundungen ganz realistisch zu lesen: Angst vor sozialer Deklassierung und Arbeitslosigkeit, Leiden an Abhängigkeitsverhältnissen zum Chef – und sei der, wie in Walsers Eckermann-Stück, der beste Chef von der Welt, nämlich Johann Wolfgang Goethe. Hier, in diesem Teil seines Werks, ist die Bundesrepublik Deutschland so deutlich ablesbar wie die Datumsanzeige in der Armbanduhr: ihre oft ans Panische grenzende Unruhe, ihre Geschichtsangst, ihre Wort- und Meinungswucherungen.

## Das Paradoxon
### seiner Generation

Das ist die Oberfläche seiner Kunst. Unter Tage aber geschieht etwas anderes. Dort, wo er sich, seinem eigenen Wort zufolge, seinen »unterirdischen Himmel«, nämlich die Geschichte, aufspannte, arbeitete sich Walser durch die Schächte seiner Erzählungen, Einreden und Widerworte der Vergangenheit entgegen. Die Unternehmung, anfangs in ihrer Konsequenz von vielen noch gar nicht begriffen, hieß: »Die Verteidigung der Kindheit«. Es ging nicht um irgendeine Kindheit, sondern um die Kindheit eines Menschen, der im Jahre 1945 achtzehn Jahre alt geworden war. Es ging um eine Generation, deren Zeitgenossenschaft zu den prekärsten des Jahrhunderts gehört. Junge Menschen, denen plötzlich Autorität, Vaterwelt, Überlieferung ruiniert waren und die nun selbst zu Vätern und Autoritäten geworden waren. Eine Generation, die, nachdem sie älter und sogar alt geworden ist, sich vielfach nur mit Mühe ihrer Kindheit versichern kann, weil die Erinnerung an ihre Kindheit sich fast nie mit dem heutigen Wissen über das außerhalb der Spielzimmer stattfindende Verbrechen in Einklang bringen läßt.

Jetzt erst, seit Erscheinen seines Romans »Ein springender Brunnen«, erkennen wir die staunenswerte Lebenslogik dieses Unternehmens, ja, fast scheint es nun, als sei manches von dem, was er zuvor geschrieben hat, ein großes Abräumwerk gewesen: Abräumen von Worthülsen, Meinungsschutt, überhaupt von fremder, also unfreier Rede. Aufregender und bekämpfter ist der Selbstfindungsprozeß eines mittlerweile Siebzigjährigen kaum je gewesen; frappierender jedenfalls sind literarische und reale Geschichte selten zusammengefallen.

»Als Gregor Samsa eines Morgens aus unruhigen Träumen erwachte, fand er sich in seinem Bett zu einem ungeheuren Ungeziefer verwandelt.« Das, so denke ich, muß die Urerfahrung dieser Generation gewesen sein. Erwachend im Jahre 1945, mußte sie feststellen, daß sich ihr Land und meist auch ihre Väter und Familien in den Augen der Welt in etwas Abstoßendes verwandelt hatten. Zurückblickend als erwachsene Männer, in den siebziger und achtziger Jahren, wurden sie gewahr, daß auch ihre Kindheit, das Ich, das sie einmal waren, sich ins Ungezieferartige verwandelte. Adornos Satz im Rücken, wonach es kein richtiges Leben im falschen gebe, begann die Verdunkelung eines ganzen Erlebniskontinents.

»Allmählich wird mir klar«, hat Walser geschrieben, »daß jeder beim Deutschland-Gespräch eine andere Geschichte aufarbeitet. Seine eigene und oft noch seine ganze Familiengeschichte. Nie böllern aus mir die Schlagwörter so unbremsbar heraus wie beim Deutschland-Gespräch.« Damals hat er verstanden, wie unverantwortlich, wie antwortlos diese Versperrung der Kindheitserinnerung ist. Seine

Aufgabe bestand darin, den in den Schlagworten mitredenden Bewußtseins- und Familiengeschichten die Zunge zu lösen.

Das konnte nur gelingen, wenn man umgekehrt die Schlagworte zum Schweigen bringen würde. Sie lauteten zum Beispiel: Ende der Geschichte, Ende der Nation, deutsche Teilung als verdiente Strafe, »Der Schoß ist fruchtbar noch« und ewig so weiter. Das war der Augenblick, in dem Martin Walser über Deutschland zu reden begann. Er sprach über Deutschland wie über eine Familiengeschichte, und er sprach wie neben ihm einzig noch Uwe Johnson. Er zerstörte die Schlagworte, indem er sich auch als Person, öffentlich, fast selber zerstören ließ.

Die Aufregung des in den Wonnen des Status quo eingeschlummerten Landes war erheblich. Heute wissen wir, daß aus dieser Operation eine der stärksten Rehabilitierungen des Intellektuellen in der Nachkriegszeit hervorging. Natürlich gab es Kindheiten in der Literatur. In unverabredeter Übereinstimmung beschreiben gerade die wichtigsten Romane, die in der Bundesrepublik wie in der DDR erschienen sind, das Dritte Reich aus Kinder- und Jugendperspektive. Aber Walsers Kindheit sieht anders aus. Er beschreibt die Kindheit, die einst war, nicht als Krankheit zum Tode. Auch nicht als eine, die – nach Katastrophe und Untergang – wie durch ein Verwandlungswunder einen antifaschistischen oder pazifistisch-lieblichen Charakter herausbildet. Walsers Figuren wissen nicht, was aus ihnen wird.

Der Autor müht sich ab an dem großen Paradoxon seiner Generation: objektiv unschuldig, womöglich glücklich gewesen und gleichzeitig per Geburtsurkunde Teil eines schuldig gewordenen Ganzen gewesen zu sein. Weil er über sich reden wollte, konnte er über das Ganze nicht schweigen.

## Erworbenes Wissen und Erinnerung

Hier liegt der Schlüssel seines deutschland- und vergangenheitspolitischen Engagements. Wieder einmal war er, der leidenschaftliche Leser, zu früh gekommen, und schon war er im Begriff, alle Termin- und Terminologiepläne durcheinanderzuwirbeln. Als fast alle glaubten, die Idee dieses Ganzen, die Nation, sei historisch überwunden, die Teilung des Landes, da schuldhaft verursacht, für die Ewigkeit gemacht, trat Walser an die Öffentlichkeit und fragte, warum das so sei und welcher Autor über die deutsche Geschichte entschieden habe. Er sprach mit literarischer, nicht mit moralischer Lizenz. »Auch ein Buch, das kein Happy-End hat«, hat er einmal gesagt, »zeigt durch seine Stimmung, daß es lieber gut ausginge… Leser und Schreiber wünschen ein besseres Ende jeder Geschichte, das heißt, sie wünschen, die Geschichte verliefe überhaupt besser. Nur wenn die große und ganze Geschichte besser verläuft, können die unzähligen einzelnen Lebensgeschichten besser ausgehen. Leser und

Schreiber sind also uneinverstandene Leute. Leute, die sich nicht abgefunden haben. Noch nicht.« Mehr war ja zunächst gar nicht beabsichtigt, als er seinen Bericht »Über Deutschland reden« veröffentlichte: den Zustand beklagen, uneinverstanden, unabgefunden sein, Raum schaffen für die eigene Erinnerung.

Doch kaum hatte er mit der Widerrede begonnen, gab es prominente Interventionen, die kurz und bündig mitteilten, der Autor gefährde den Frieden. Das hat es damals wirklich geben sollen: Schriftsteller, die den Weltfrieden bedrohen. Heute, zehn Jahre später, erhält Walser den Friedenspreis des Deutschen Buchhandels. Es ist ein Augenblick der Gerechtigkeit, nicht der Rechthaberei. Dazu besteht auch gar kein Grund. Man täusche sich nicht: Die Rede, heute vorgetragen, würde vermutlich die gleichen Reaktionen hervorrufen wie damals. Nur die öffentliche Reizapparatur ist ein wenig anders justiert. Daß Walser gerne in Leipzig oder Dresden das Theater besuchen würde, ginge heute natürlich nicht mehr mit höhnisch anschwellendem Echo durch die Presse, wie es damals geschah, als das herabsetzende Gelächter und Achselzucken der Realisten sich an der anstößigen Schrulle des Schriftstellers nicht genugtun konnte. Auch das hat es damals wirklich geben sollen: daß der Wunsch, als freier Mensch das Dresdner Theater zu besuchen, fast ein Verbrechen war, weil er die Ignoranz gegenüber so vielen Regeln der Nachkriegsordnung einschloß.

Doch das Undenkbare des Jahres 1988 ist zur Fahr-
planroutine des Jahres 1998 geworden. Im Grunde
müßte diese Verschiebung des Realitätsbegriffs das
Vertrauen in die eigene Vorstellungskraft kompro-
mittieren – und das wäre gewiß nicht das unpro-
duktivste Erbe des Winters 1989. Weil sich zwar die
Welt, nicht aber die Vorstellung gewandelt hat, ist
Walsers Rede unerledigt geblieben. Man muß sich
in ihr nur ein wenig aufhalten, um herauszufinden,
daß der Vers, den er sich auf Deutschland machte,
uns noch immer aus dem Tritt bringt. Er schreibt:
»Darüber müssen einmal Geschichtsschreiber sich
wundern: wie viele bedeutende Leute Jahrzehnte
nach der Erledigung des Faschismus ihren Zorn
und ihr gutes Gewissen lebenslänglich durch antifa-
schistische Regungen belebten.« Er schreibt, be-
deutungsvoll, weil es auf den erst Jahrzehnte später,
nämlich vor wenigen Monaten erschienenen Roman seiner Kindheit anspielt: »Das erworbene Wissen über die mordende Diktatur ist eins, meine Erinnerung ist ein anderes. Allerdings nur so lange, als
ich diese Erinnerung für mich behalte. Sobald ich
jemand daran teilhaben lassen möchte, merke ich,
daß ich die Unschuld der Erinnerung nicht vermit-
teln kann. Ich habe nicht den Mut oder nicht die
Fähigkeit, Arbeitsszenen aus Kohlenwaggons der
Jahre 1940 bis 1943 zu erzählen, weil sich herein-
drängt, daß mit solchen Waggons auch Menschen in
KZs transportiert worden sind. Ich müßte also reden, wie man heute über die Zeit redet. Also bliebe

nichts übrig als ein heute Redender. Einer mehr, der über damals redet, als sei er damals schon der Heutige gewesen.«

Solche Sätze kränken die moralische Selbstgewißheit. Sie sagen doch nichts anderes, als daß man es sich in den fünfzig deutschen Nachkriegsjahren mit ihrer schon seit langem immer routinierter wirkenden Gewissensnot womöglich zu leicht gemacht hat, als man dachte, es sich und dem Land besonders schwer zu machen. Nur im Vorbeigehen, aber desto wirkungsvoller weist Walser auf ein fast frivoles Paradoxon hin. Denn während es in der ersten Jahrhunderthälfte, nach einem Wort Thomas Manns, für einen Deutschen unzählige Verführungen zum Schlechten gab, schenkte ihm die zweite Jahrhunderthälfte unzählige und unzählig verführerische Möglichkeiten, gut zu sein. Bessere Deutsche gab es nie als jene, die die Welt vor sich selber warnten. »Wir nicken«, schrieb Walser 1988, »vor lauter Angst, sonst für Nazis gehalten zu werden.« Das war der Grund seiner Verneinung, seines Kopfschüttelns, in dem sich nicht nur Widerspruch und Verblüffung, sondern immer auch geradezu physischer Schwindel ausdrückte: Er wollte die Betondecke des fugen- und folgenlosen öffentlichen Gewissens aufbrechen. Er wollte zeigen, daß es keine moralischen, sondern nur rhetorische Akte sind, wenn man sich öffentlich für Deutschland schämt oder wenn man – umgekehrt – seinen Stolz, ein Deutscher zu sein, auf dem T-Shirt spazierenführt.

Und er wollte sagen, welchen Preis uns das alles kostet; welchen Preis an Geschichtsbewußtsein und Mitteilungsfähigkeit zuerst.

Überflüssig, noch einmal von den Protesten und Sanktionen zu reden, die Text und Autor auf sich gezogen haben. Walser selbst hat davon berichtet. Nur eine Reizreaktion ist erwähnenswert, weil sie bis heute die Wirkungsgeschichte von Walsers »Deutschen Sorgen« beeinträchtigt und in die falsche Bahn gelenkt hat. Ich meine jenes befremdete Überrascht-Tun, das damals von einer Wandlung, Wende, ja Wesensveränderung des Schriftstellers sprach und damit übrigens, wo es um Kollegen ging, in vielen Fällen die fristlose Freundschaftsabwicklung avisierte. Ohne Zweifel hat es Metamorphosen in Walsers Werk gegeben, Korrekturen, Ausstreichungen und Verbesserungen. Aber dieses nun gerade, die Frage nämlich, was es heißt, einen deutschen Paß zu besitzen, hat sich bei ihm nicht geändert.

Vor und nach dem Bau der Mauer richtet der Vierunddreißigjährige zwei Gedichte an Bertolt Brecht, die er freilich erst Jahrzehnte später zum Druck freigibt. Im Jahr 1962 schreibt er seinen Traktat »Vom erwarteten Theater«. Darin stehen die noch im Brecht-Sound formulierten apodiktischen Sätze: »Ein deutscher Autor hat heute ausschließlich mit Figuren zu handeln, die die Zeit von '33 bis '45 entweder verschweigen oder zum Ausdruck bringen. Die deutsche Ost-West-Lage ver-

schweigen oder zum Ausdruck bringen. Jeder Satz eines deutschen Autors, der von dieser geschichtlichen Wirklichkeit schweigt, verschweigt etwas.« Hat man das denn damals nicht gelesen? Hat man denn nicht gemerkt, daß das Verbindende dieser beiden Aufträge das Adjektiv »deutsch« ist? Wie steht es mit seinem Essay zu den Auschwitz-Prozessen, 1965 erschienen, nur zwanzig Jahre also nach Kriegsende, das durchaus alarmistisch endet, nämlich mit dem Argwohn, die Menschen des Jahrhundertendes, also wir, könnten wieder »auf Ideen kommen«? Darin aber steht: »Die monströse Wirklichkeit von Auschwitz darf wohl auch über die Vorstellungskraft jenes Bürgers gehen, der geduldig zusieht, wie Juden und Kommunisten aus seiner Umgebung verschwinden… Wenn aber Volk und Staat überhaupt noch sinnvolle Bezeichnungen sind für ein Politisches… dann ist alles, was geschieht, durch dieses Kollektiv bedingt… Dann ist keine Tat mehr bloß subjektiv. Dann ist Auschwitz eine großdeutsche Sache. Dann gehört jeder zu irgendeinem Teil zu der Ursache von Auschwitz. Dann wäre es eines jeden Sache, diesen Anteil herauszufinden.« Das war sein Vorhaben. Es ging ihm fortan in seiner literarischen und essayistischen Arbeit tatsächlich darum herauszufinden, was dieser eigene Anteil gewesen war.
Wer aber das eigene, auch noch so imaginäre Dabeisein bei der Katastrophe auszuloten bereit ist, muß sich, ob er will oder nicht, als Teil des Ganzen, als

Mitgesellschafter einer Nation begreifen. Nein, hier hat sich nicht einer über Nacht verwandelt und ist mit wehenden Fahnen in ein feindliches Lager übergelaufen. Walser hat die DDR nicht anerkannt. Aber er hat, was oft unterschlagen wird, auch die alte Bundesrepublik nicht anerkannt. Er hat an den sechziger und siebziger Jahren gelitten wie fast alle seine Kollegen. Man betrachte sein »Deutsches Stilleben« von 1984, in dem – gegen alle damals herrschende Meinung – der Satz steht: »Ich würde mich sehr freuen, wenn in diesem Augenblick Honecker in Bonn wäre.« Der Versuch seiner damaligen Zeitgenossen, ihn in die Bibliothek des Revanchismus einzuordnen, war nicht nur ungerecht, er war auch dumm. Er hat nicht – wie manche seiner Gegner meinten – Königsberg zurückhaben wollen und auch nicht Breslau, und selbst der Wieder-Vereinigung hat er die Vorsilbe »wieder«, die das Neue zur Wiederholung macht, bestritten. Er hat nichts anderes als seine Biographie zurückhaben wollen, und weil er diese Zurückgewinnung mit den Mitteln der Literatur betrieb, wurde seine Selbstverteidigung mehr als die Bewußtseinsverteidigung seiner Generation.

Walsers Politik steht auf poetischen Füßen, also auf festen. Und ehe die Politiker diese Feststellung ironisch kassieren, seien sie daran erinnert, daß Walser aus diesem Grunde zu einem der wenigen Realpolitiker der achtziger Jahre wurde. Daß er die Nation rehabilitieren, die Inflationierung des Faschismus-

Vorwurfs außer Verkehr setzen, das Geschichtsgefühl wecken wollte, geschah aus künstlerischer Notwendigkeit: es geschah, weil er sonst über sich selbst hätte lügen müssen. »Etwas sagen«, schrieb er damals, »heißt bei mir, etwas verschweigen. Sollte man auch unsere öffentliche Meinung mit diesem Vorbehalt zur Kenntnis nehmen? Es genügt das Gebot: Du sollst nicht lügen.«

Walsers Nachdenken über Deutschland wurde von keiner Ideologie angetrieben, sondern war eine produktionsethische Notwendigkeit – Bedingung eines Bewußtseinsprozesses, den er für das nur langsam aus dem Schlaf seiner Zufriedenheit erwachende Land stellvertretend vorwegnahm. Walser hatte ja einst in Friedrich Beißners Hölderlin-Oberseminaren gesessen und damals gelernt und nie wieder vergessen, daß Literatur einer Nation einen Begriff ihrer besseren Möglichkeit geben kann. »Der Anstoß Hölderlins«, schrieb er damals, »ist bis heute schöne Literaturgeschichte geblieben. Das heißt, es gelingt uns offenbar nicht, ihn zu verstehen.«

Was werden Walsers eigene Anstöße sein, da ihm, wie selten einem Dichter zuvor, die Wirklichkeit recht gegeben hat? Einer läßt sich jetzt schon erkennen. Denn kaum ein anderer hat dem vereinigten Land so Überraschendes abgehört. Er war der erste, der die Entwicklung der neuen Bundesländer als Teil der eigenen Geschichte begriffen hat. Als Chronist der Unvorhersehbarkeit entlastet er die Literatur und ihre Leser von dem Alpdruck, wissen zu müssen, was morgen kommt. Deshalb ist sein Blick auf die Gegenwart Dresdens, Leipzigs oder Rostocks so frei. Seine poetische Gerechtigkeit besteht darin, daß er die Unvorhersehbarkeit der Geschichte auch dem 9. November 1989 einschreibt. Niemand, so muß man ihn verstehen, hat das Recht, den Menschen der ehemaligen DDR vorzuwerfen, daß sie nicht wußten, daß die Mauer fällt. Unnachgiebig beharrt er darauf, daß man Biographien nicht das bessere Wissen von heute nachtragen darf.

Auch das ist Unschuld der Erinnerung. Walser, der recht behalten hat, aber immer weiß, wie leicht einem der Irrtum fällt, verachtet dieses neueste ideologische Konstrukt, das vorgibt, immer schon gewußt zu haben, daß DDR und Ostblock zum Untergang bestimmt waren. Er sagt: Wir haben es nicht wissen, wir haben es uns nur wünschen können.

Lesende, Schreibende, sage ich, sind friedfertige Menschen, Träumer, solange sie träumen, auch. Zuweilen schreibt Walser solche Traumtexte auf. Eine dieser geträumten Geschichten macht blitzartig klar, warum es nicht nur Walsers Sache ist, was Walser erzählt: warum seine poetische Weltermittlung wichtiger sein wird als alle unsere täglichen und täglich wechselnden Meinungen über die Welt. Einmal träumt ihm, es riefe Salvador Dalí an. Selbst im Traum ist das eine Sensation. Dalí hat eine glasklare Botschaft: »Malen Sie das Jahr 2000!« ruft er dem Schriftsteller zu, »oder das Jahr 2000 malt Sie.« Das ist keine Bitte, sondern ein Ultimatum. Erzähle, heißt das, oder du wirst erzählt werden. »Es ist zu spät«, entgegnet der Dichter dem Maler. Und fügt, nach kurzem Nachdenken, hinzu: »Ebendeshalb darf es nicht zu spät sein.« Hier, in diesem fiktiven Traumgespräch, redet mit fast schlaftrunkener Stimme das, was dieser große Utopieskeptiker sich an Utopie allein noch gestattet. Denn es geht bei diesem Ultimatum nicht um Science-fiction, es geht ganz entschieden nicht um Zukunft, sondern um Vergangenheit. Male, oder du wirst gemalt werden! Das heißt: das kommende Jahrhundert legt schon die Perspektive an, ordnet schon die Staffage, verteilt womöglich schon die Plätze für das Panoramabild, das unsere Zeit einmal abgeben wird. Die Utopie heißt: Es ist vielleicht gerade noch genug Zeit, eine weitere Geschichte zu erzählen.

Das ist der produktive Impuls auch für die jüngere Generation, die längst im Begriff ist, dem vereinigten Land neue Geschichten einzuschreiben – Geschichten, wie ich hinzufüge, die jetzt, wo das Land wieder Geschichte hat, uns Lesern das Staunen und Fürchten lehren. Doch während wir mutig nach vorne ausschreiten, verdunkelt sich in unseren Rücken eine Jahrhunderterfahrung, von der wir ahnen, daß bald niemand mehr da ist, sie zu erzählen. Walser ist Repräsentant jener letzten Generation, die von der Jahrhundertkatastrophe weiß. Deutschland wird jetzt von einer Generation regiert, die den Krieg nicht mehr bewußt erlebt hat. Daß man 1945 achtzehn Jahre alt war, das erscheint uns wie die

Abstammung aus dem Holozän. Deshalb, so könnte man hinzufügen, besteht Auskunftspflicht. Schlegel, der bei Ausbruch der Französischen Revolution keine achtzehn Jahre alt war, Hölderlin, der 19 Jahre alt war, Büchner, der vom Grauen der Junirevolution mit siebzehn hörte – sie alle sind zeitlebens von dieser Zeitgenossenschaft nicht mehr losgekommen und haben fast manisch versucht, die Geschichte auf einen anderen, besseren Sinn abzuhorchen.

Der englische Historiker Ian Kershaw, der soeben den ersten Teil seiner maßstabsetzenden Hitler-Biographie veröffentlicht hat, formuliert in seinem gewaltigen Werk einen einzigen geschichtsphilosophischen Satz – es ist ein sehr sprechender Exkurs ins Pathos, den sich der nüchterne Wissenschaftler erlaubt: »Nur über die Geschichte können wir für die Zukunft lernen. Und deshalb ist keine Phase der Geschichte von größerer Bedeutung als die Epoche, die Adolf Hitler beherrscht hat.« Daß wir verabscheuen, was war, und es moralisch verdammen, gehört zu den einfachsten Übungen des Deutschland-Gesprächs. Was aber zu begreifen wäre und was nur Geschichten begreiflich machen können, ist, wie Unglück und Verbrechen um einen herum wachsen können, ohne daß man davon etwas bemerkt. Oder noch konkreter: wie viel oder wie wenig man eigentlich von sich und den anderen bemerkt, wenn Geschichte in die Extremlage gerät. Oder ganz konkret: wie ein Wasserburger Gastwirtssohn in Hitlers Deutschland zu seiner Identität und seiner Sprache finden konnte und nichts weiß von Diktatur und Demokratie, von dem Ausmaß des umgehenden Verbrechens, dem unaufhaltsamen Untergang in Ruinen, von Bundesrepublik und DDR; nicht weiß also, daß der Morgen mit seinen Verwandlungen droht.

Walser zeigt, was es heißt, in einer Geschichte zu leben, deren Ende man nicht kennt. Also zeigt er, was es heißt, in der Gegenwart zu leben. »Alle Schriftsteller, die er las, beschrieben seine Krankheit.« Will also einer geheilt werden von der Ansteckung durch die Ideologien, konsultiere er Walsers Literatur. Man muß es ja nicht nur bei ihm versuchen, aber man sollte die Chance nicht verpassen. Es gibt viele, die auf diese Heilung schwören, auch wenn Walsers Methoden zugegebenermaßen unorthodox sind. Man muß in Kauf nehmen, daß man verwandelt erwacht; es fröstelt einen zuweilen, und das Leben wird riskanter. Könnte sein, man setzt sich selbst dabei aufs Spiel. Aber: Lesen wird wieder zum Vergnügen. Und das Atmen auch.

# Martin Walser
# Ein springender Brunnen
*Roman. 416 Seiten. Leinen*

Hier gebietet Walser über Stärken, die mit bloßem ›Talent‹ oder noch so großer Kunstfertigkeit nicht erreichbar sind ... Gelassen und keineswegs effektbedacht vorgetragen, erheitert Walsers späte Prosa wohl darum so unwiderstehlich, weil Charakteristisches seltsamerweise fast immer irgendwie erheitert ... Es ist eines der großen Erinnerungs-Bücher unserer Literatur und unseres Jahrhunderts, ... ein Erinnerungsroman, der Wasserburg samt seinen schwäbisch-alemannisch redenden Bewohnern so zu retten vermag wie einst Thomas Manns *Buddenbrooks* Lübeck ... *Joachim Kaiser, Süddeutsche Zeitung*

Walsers Traumhausbau kennt keine Moral, keine Einsicht von heute aus. Gewissenlos wie echte Träume holt er aus der Tiefe in der Zeit in Bilderserien die alten Gesichter und Geschichten zurück ... Das alles streng und unvermittelt, unkommentiert nebeneinander. Niemand wird angeklagt, niemand freigesprochen ... Man muß dieses neue Buch nur aufs Geratewohl irgendwo aufschlagen und zu lesen anfangen, ein paar Sätze oder Absätze: sofort gerät man in den Sog eines bei Walser ungewohnten lakonischen Erzähltons ... knappe konzentrierte, kräftige Sätze, schmucklos, doch ausdrucksvoll, fast ohne Adjektive, zurückblickend in ferne, verwunschene Zeiten, von denen Walser, dieser passionierte Gegenwartserfasser, noch nie ausdauernd erzählt hat ... Autobiographie als Roman. Dichtung als Wahrheit ... Es gibt, so könnte man den stummen Protest dieses Romans präzisieren, zwar kein richtiges Leben im falschen, doch immer ein Leben, über das kein Richtig und Falsch je endgültig richten kann. Und genau das kann und muß erzählt werden. *Reinhard Baumgart, DIE ZEIT*

Die Liebesszenen in diesem Buch gehören zu den zärtlichsten und anrührendsten, die Walser je geschrieben hat. Und noch etwas gelingt ganz großartig – das Porträt des Künstlers als junger Mann.
*Volker Hage, DER SPIEGEL*

Der Roman um Walsers Alter ego Johann ist ein Spätwerk von großer Eindringlichkeit und Dichte. Provinz und Welt, Kindheit und Alter, Vergangenheit und Gegenwart, Vergessen und Erinnern werden auf meisterhafte Weise zusammengeführt. Ein Buch, das Maßstäbe setzt. *Uwe Schütte, Nürnberger Zeitung*

Walsers fortgesetzte Chronik der Bundesrepublik aus kleinbürgerlicher, provinzieller Perspektive wäre nicht vollständig gewesen ohne die Kindheit in den 30er Jahren, und es wird wohl dieser letzte Roman sein, den man in Zukunft zuerst lesen muß, wenn man ihn und sein Werk begreifen will – so wie man die Bundesrepublik nicht ohne ihre Herkunft aus dem Dritten Reich verstehen kann. *Jörg Magenau, die tageszeitung/Falter*

Wie Walser »Vergangenheit als Gegenwart« erzählt, wie er die Fülle der Dinge und die Erinnerung an sie zur Geltung bringt, wie er ihnen wieder ganz nah ist, sie doch wie von ferne sieht, wie das Gute und das Böse, das Edle und das Gemeine und all das dazwischen scheinbar einfach da ist – das läßt schlechterdings keine falschen Schlüsse zu. Da wird nichts verharmlost, nichts verschwiegen, nichts erklärt und nichts entschuldigt ... Martin Walser ist ein großes Risiko eingegangen. Er hat es gemeistert ... wunderbare vierhundert Seiten. *Julia Schröder, Stuttgarter Zeitung*

Der literarische Reiz liegt zugleich in Walsers ungeschützter Offenherzigkeit und im anekdotisch-humoristischen Reichtum, mit dem er sich (& uns) Familien-, Dorf- und Landschaftsszenen vor Augen stellt. *Wolfram Schütte, Frankfurter Rundschau*

Ein springender Brunnen ist ein Panorama deutscher Provinz im ›Dritten Reich‹, wie ich es so genau und glaubwürdig, so fair und einfühlsam noch nicht gelesen habe. *Martin Ebel, Rheinischer Merkur*